LEA AUBERT

HOROSKOP DER LIEBE

AF286559

STERNZEICHEN

WIDDER

Ausgabe 2014
Umschlaggestaltung: Allen Lee
Titelabbildungen: aus Bildern von dreamstime.com
Herstellung und Verlag: Books on Demand GmbH, Norderstedt
Printed in Germany

ISBN 9783839114810

Kein Teil dieses Buches darf ohne ausdrückliche Genehmigung des Autors in irgendeiner Form reproduziert oder unter Verwendung elektronischer Systeme verarbeitet, vervielfältigt oder verbreitet werden.

Inhalt

Das Sternbild des Widders

Aries

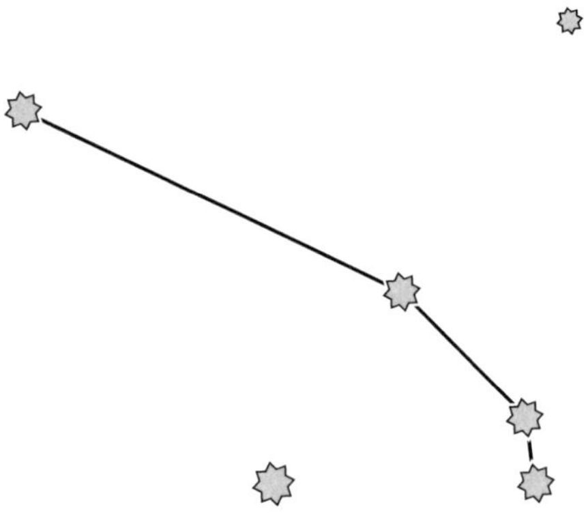

Die Sage des Widders

Das Sternbild des Widders entspringt der griechischen Mythologie und ist eng mit der Sage vom goldenen Vlies verbunden. Alles beginnt damit, dass Phrixos von seinem Vater, dem König Athamas, als ältester Sohn zum Thronnachfolger ernannt wird. Phrixos Stiefmutter, Ino, hatte aber andere Interessen. Sie wollte ihren eigenen Sohn statt Phrixos auf dem Thron sehen. Um dieses Ziel zu erreichen, fasste sie einen grausigen Plan: Sie veranlasste die Frauen, die Weizensaat für das nächste Jahr zu dörren, worauf hin die Saat nicht aufging und verdarb. Eine große Hungersnot war die Folge. Da ließ Ino ihrem Mann Athamas einen angeblichen Spruch des Orakels von Delphi überbringen. Das Orakel prophezeite, dass der König eine Hungersnot nur dann abwenden könnte, wenn er seinen eigenen Sohn Phrixos den Göttern opfern würde.

Athamas Sorge um sein Volk war so groß, dass er dem Ratschlag des Orakels Folge leisten wollte. Als er im Begriff war, seinen eigenen Thronfolger Phrixos den Götter zu opfern, erschien ein Tier in goldenem Fell – der Widder. Phrixos sprang mit seiner Schwester Helle auf das Tier und konnte so seinem sicheren Tod entfliehen. Leider konnte er auf der Flucht nur sich retten, denn Helle verlor auf dem Rücken des Widders den Halt und stürzte ins Meer. Da erreichte Phrixos endlich Kolchis am Schwarzen Meer. Der Widder bat ihn darum, ihn zu opfern. Phrixos gehorchte und opferte das Tier den Göttern.

Zum Dank für die Rettung setzten die Götter ihn als Sternbild an den Himmel. Phrixos gab das kostbare Fell des Widders – das goldene Vlies – König Aietes, der es an einem sicheren Ort aufbewahrte. Im darin anschließenden Sagenkreis, der Fahrt der Argonauten, wird der Raub des goldenen Vlieses durch Iason beschrieben.

Die Widder-Frau

Der Kreis der Sternzeichen beginnt gewöhnlich mit dem Widder. Er symbolisiert den Frühling und die damit verbundene Kraft des Aufbruchs. Seine Stärke ist der Neuanfang und der optimistische Wille zum Aufbruch. An Ideen mangelt es ihm kaum. Mit seinem ausgeprägten Kampfeswillen, mit dem er seine Ziele auch rücksichtslos verfolgen kann, stößt er jedoch nicht immer auf Begeisterung.

Die im Widder geborene Frau wird oft unterschätzt, obwohl ihr Tatendrang eigentlich jedem auffallen müsste. Sie versteht es, ihre Kraft sehr gut zu bündeln und nur einer bestimmten Idee zu schenken. Das macht sie zu einer gewissenhaften und bis in die Führungsetagen von Unternehmen gelangenden Karrieristin und ehrgeizigen Mitarbeiterin. Sie verfügt über eine Eigenschaft, die nur wenige ihrer weiblichen Artgenossen besitzen: Sie kann Männern ohne Probleme die Stirn bieten und sich in Diskussionen Gehör verschaffen. Einige Männer, die an alte Hierarchien gewohnt sind, können es hier regelrecht mit der Angst zu tun bekommen. Denn nicht selten geht eine Widderfrau in den offenen Kampf, um ihre Positionen durchzusetzen. Dass sie nicht gleich klein beigibt und auch stellvertretend für schwächere Kollegen spricht, verschafft ihr Respekt von höheren Ebenen. Sie kann und will Verantwortung übernehmen und bringt sich in die ihr gestellten Aufgaben voll ein. Nicht selten leidet ihr Privatleben darunter, wenn sie Überstunden macht oder gar noch nicht erledigte Arbeiten für den Abend oder das Wochenende mit nach Hause nimmt. Eine angefangene Arbeit verschiebt sie nur ungern. Am liebsten würde sie alles sofort erledigen und den Kopf wieder für neue Dinge frei haben.

Diese Eigenschaft, die sie im Berufsleben bis zur Perfektion praktiziert, kann sie im Privatleben auch nicht ablegen. Manchmal spürt ihr Partner ihre zielstrebige Kraft erst dann, wenn

es darum geht, die Freizeit gemeinsam zu organisieren. Denn nicht selten hat sie schon das Wochenende durchdacht, bevor er überhaupt in seinen Terminkalender geschaut hat. Man könnte meinen, dass im Bereich der Freizeit nun wirkliche Entspannung angesagt ist. Findet die Widderfrau einen Partner, der ebenfalls seine Energie in Aktivitäten bündelt, ist das die ideale Konstellation. Trifft sie allerdings auf einen lethargischen Partner, können hieraus Konflikte entstehen. Gegensätze ziehen sich bekanntermaßen an. Und so gibt es auch hier Partnerschaften, bei denen der eine Pol Energie und der andere Ruhe ausstrahlt. Besteht eine gegenseitige Wertschätzung, wird auch diese Kombination harmonisch verlaufen.

Partnern von Widder-Frauen sei geraten, sich nicht gegen den Führungswillen dieses Energiebündels zu stemmen. Hier sind oft Verletzungen und unnötige Streitereien die Folge. Mit ein wenig Geschickt, gelingt es dem Partner die kräftige Energie auch in Bahnen zu lotsen, die beiden zusagen. So können beide Partner ihre Kräfte für die gleiche Sache einsetzen. Wenn sie am gleichen Strang ziehen, können sie so fast unmögliche Ziele erreichen.

Wer als Partner eines Widders gerne den Ton angibt und bei allen Gelegenheiten sein Gegenüber von der Richtigkeit seiner Gedanken überzeugen will, wird bei der Widderfrau einige Blessuren davontragen. Sie sucht in der Regel keinen typischen „Ernährer" und ordnet sich seinen Vorstellungen unter. Sie benötigt einen Partner, der ihr auf gleicher Augenhöhe begegnen kann. Durch diese Eigenschaft kann die Widderfrau mitunter etwas männlich oder streng wirken und allzu sensible Gemüter erschrecken.

Auf eine Widderfrau kann man sich verlassen. Absprachen werden eingehalten. Und hat sich eine Widderfrau einmal für einen Partner entschieden, ist sie kaum wankelmütig. Denn sie weiß, was sie will. In der Liebe, im Leben und im Beruf.

Durch ihre direkte Art kann sie allerdings manchmal anecken

und auch Kämpfe verlieren. Ihr Naturell erlaubt es ihr aber schnell, wieder auf die Füße zu kommen. Sie grübelt nicht lange über Problemen. Sie packt einfach an – und das immer mit vollem Einsatz.

Nicht selten verliebt sich eine Widderfrau auf den ersten Blick. Sie weiß intuitiv, was ihr gut tut. So kann es passieren, dass sie es ist, die die Initiative zum ersten Date, zum ersten Kuss oder sogar zur ersten gemeinsamen Liebesnacht ergreift. Sie weiß meist schon viel mehr über ihren zukünftigen Partner als dieser sich überhaupt vorstellen kann.

Gründet sie mit ihrem Geliebten eine Familie, ist sie als Mutter selten eine Glucke. Sie handelt eher natürlich und unkompliziert. Ihren Kindern begegnet sie zwar mit etwas Strenge und mit dem Abverlangen von Leistungen, da sie das von sich selbst gewohnt ist – jedoch pflegt sie zu ihnen ein liebevolles und freundschaftliches Verhältnis, das ihnen immer den nötigen Freiraum zur eigenen Entfaltung einräumt.

Freundinnen der Widderfrau schätzen ihre Zuverlässigkeit. Mit ihr kann man Pferde stehlen. Und vor allem ist auf sie in jeder Lage Verlass. Verspricht sie etwas, wird sie aufrichtig hinter ihren einmal gefassten Zusagen stehen. Kommt es zu Konflikten begegnet sie ihnen in der Regel direkt und ohne langwierige Umwege. Unstimmigkeiten bringt sie in der Regel sofort zur Sprache und sie können sich nicht erst unüberwindbare Hindernisse aufbauen.

In ihrer Freizeit unternimmt die Widderfrau meist sehr viel und überlegt dabei schon die nächste Aktivität. Langweile hat sie selbst kaum erlebt.

Der optimistische Charakter der Widder-Frau reißt den Freundeskreis mit. Und nicht selten merkt sie es überhaupt nicht, dass sie es ist, die den Anstoß zu gemeinsamen Unternehmungen gibt.

Erotische Vorlieben der Widder-Frau

Ein großes Vorurteil ist, dass Widderfrauen kein ausgiebiges Vorspiel mögen. Man könnte das vermuten, da sie recht zielstrebig und auch oft dominant zu Werke gehen. Allerdings wird die sexuelle Kraft und Leidenschaft bei ihr auch erst richtig geweckt, wenn sie durch ein ausgiebiges Vorspiel angefacht worden ist.

Beziehen Partner Dominierungs- und Unterwerfungspraktiken mit in ihr Liebesspiel ein, können sich hier zauberhafte Spiele ergeben. Nicht selten fesselt die Widderfrau ihren Partner gerne ans Bett und liebkost ihn bis zum Wahnsinn. Sie sagt gerne, wo es langgeht und versteht es perfekt, ihren Liebhaber an der langen Leine zappeln zu lassen. Sie genießt die natürliche Nacktheit und die Berührung der Haut.

Auch wenn es zu keinem Fetisch im Sexualleben des Paares kommt, wird die Widder-Frau immer ein wenig mehr Freude haben, wenn sie Art und Geschwindigkeit der Sexualpraktik selbst bestimmen kann. Stellungen, während denen sie oben liegen oder sitzen kann, begeistern sie am meisten. Hier verfügt sie über den nötigen Freiraum, ihre Lustkurve zu steigern und in Ekstase aufzugehen.

Da sie die Berührung auf ihrer Haut liebt, kann es für das Paar wundervoll sein, sich während des Sexualaktes gleichzeitig zu massieren. Wohlriechende Öle machen die Haut geschmeidig und steigern auch die Lust des Mannes, der durch seine Streicheleinheiten die letzten geheimen Lustpunkte seiner Partnerin erforschen kann.

Widder sind auch visuell veranlagt. Sie sehen gerne zu und lieben stilvolle Abbildungen erotischer Kunst. Das Kamasutra wird selten in ihrem Bücherregal fehlen. Auch wenn ihnen einige Stellungen zu kompliziert sind – sie lieben die Einfachheit – können ihnen die Abbildungen tolle Anregungen bieten.

Der Widder-Mann

Liebe auf den ersten Blick? Natürlich! Der Widder-Mann besitzt ein angeborenes Geschick, sich genau die Frau zu suchen, die zu ihm passt. Er ergreift gerne selbst die Initiative. Macht die Frau den ersten Schritt, kann ihn das verunsichern. Denn das ist er einfach nicht gewohnt. Unterhalten sich beide jedoch schon angeregt, kann kaum etwas die Eigendynamik stoppen.

Sollten Sie als Frau also von einem Widder-Mann angesprochen werden, können sie sicher sein, einen Glücksgriff gelandet zu haben. Nicht selten mündet die erste Begegnung wenig später im Liebesakt. Und manche Paare schaffen es gar nicht mehr nach Hause.

Viele Gedanken macht sich der Widder-Mann nicht. Er belastet seinen optimistischen Geist selten mit schwermütigen Dingen. Hat er sich seinen Partner in den Kopf gesetzt, wird er diesbezüglich geprüft und wenn er für gut befunden ist – nun dann ...

In der Freizeit sucht er Abenteuer der extremen Art. Nicht selten lernt er seine Partnerin auch beim Sport kennen. Hier zieht er Risikosportarten sanfteren Varianten vor. Deshalb wird man ihn eher beim Bergsteigen oder Fallschirmspringen treffen als auf dem Fußballplatz.

Findet er eine emanzipierte Frau, wird die Beziehung oft auf Augenhöhe geführt – obwohl er über allzu verkrampfte Emanzipationsversuche seiner Partnerin eigentlich nur milde lächelt. Er hat schon verstanden, um was es ihr geht.

Der Widder-Mann kann sich nicht verstellen oder gar ein Schauspieler sein. Sagt er etwas, meint er es meist auch so – ganz ohne Hintergedanken. Intrigen und falsche Spielchen hinter den Rücken von anderen Personen lehnt er in der Regel ab. Er bezieht eindeutig zu Themen Stellung und vertritt seine Meinung auch gegenüber einer Mehrheit. Dafür wird er von seinen Freunden gleichermaßen geschätzt und gefürchtet. Er ist ein sehr guter

Freund auf den man sich verlassen kann. Hat man ihn allerdings zum Gegner, ist das nicht immer angenehm. Denn er ist in der Regel sehr durchsetzungsstark und rückt nur schwer von einem einmal gefassten Entschluss ab.

Im Berufsleben muss der Widder-Mann aufpassen, sich nicht zu sehr mit den Firmen-Zielen zu identifizieren. Sonst wird er selten ohne Überstunden nach Hause kommen. Er ist ehrgeizig und hat er es sich in den Kopf gesetzt, ein Ziel zu erreichen, wird er wenig auf seine eigene Gesundheit und Stresssymptome achten. Übernimmt er eine Führungsaufgabe, wird er seinen eigenen Stil im Umgang mit seinen Mitarbeitern pflegen. Auch hier ist er direkt und sagt, wenn ihm etwas gefällt oder nicht gefällt. Dafür wird er in seiner Firma sehr geschätzt.

Seine Partnerin muss ihm treu sein – auch wenn er selbst gerne nach anderen Möglichkeiten Ausschau hält. Entdeckt er einen Fehltritt von ihr, wird er diesen immer schwerer als seine eigenen gewichten. Das liegt an seiner Eifersucht, die er manchmal sehr gut verbergen kann.

Der Widder-Mann liebt Humor in all seinen Facetten. Nicht selten ist es sein Witz und seine Schlagfertigkeit, die ihn bei Frauen beliebt macht.

Sein Ehrgeiz bringt ihm im Leben oft ein gutes Einkommen ein. Das gewonnene Geld verwaltet er jedoch nicht immer umsichtig. Er schafft sich gerne etwas an, ohne an die Folgen zu denken. Stehen große Anschaffungen an, sollte er die Verträge durch unabhängige Fachleute prüfen lassen. Seiner Partnerin gegenüber ist er nicht geizig. Verbringen beide die Freizeit gemeinsam, leisten sie sich zusammen einigen Luxus und genießen das schöne Leben.

So wie im Leben, ist er auch in der Liebe sehr impulsiv. Nach dem ersten Date kann es ihm nicht schnell genug gehen, Fakten zu schaffen. Langes Überlegen ist nicht seine Stärke und so manche Frau fühlt sich fast von seiner Energie überrannt.

Sein Erfindungsreichtum und seine Phantasie kann er besonders dann ausspielen, wenn sich ihm die Gelegenheit bietet, seine Flamme zu verführen. Unterbewusst besitzt er oft die Gabe, in Frauen ein Begehren auszulösen. Sie meinen dann sogar ernsthaft, er hätte sie überhaupt nicht verführt.

Wenn er nach einigen Stationen die Frau seines Lebens gefunden hat, wird der Widder-Mann sie auf Händen tragen. Sein Beschützerinstinkt ist jedoch so ausgeprägt, dass ihr das auch manchmal auf die Nerven gehen kann. Lassen sich beide genug Freiraum zum Atmen, ist das sie beste Voraussetzung für eine lange Beziehung.

Für Überraschungen und schräge Ideen ist der Widder-Mann immer zu haben. So darf der Partner nicht überrascht sein, wenn er auf einmal vorschlägt in Las Vegas zu heiraten oder beim Anblick eines hohen Turmes die Idee hat, sofort die 1.000 Stufen hinauf zu rennen. Er liebt unkonventionelle Dinge. Wenn ihm jemand sagt, dass „man" so etwas nicht macht, ist das für ihn Anreiz genug, es genau deshalb zu versuchen. Nicht selten geht seine Rechnung auf und er macht Erfahrungen, die andere nur aus Erzählungen kennen.

Erotische Vorlieben des Widder-Mannes

Der Widder-Mann ist ein aufregender Liebhaber. Er besitzt die Kraft des Frühlings und des Neubeginns. Geistig ist er frisch und allen Ideen aufgeschlossen. Wenn man ihn zum Liebhaber wählt, muss man sich darüber im Klaren sein, dass er wahrscheinlich sein Leben lang ein Energiebündel bleibt. Hat man ihn zum Freund, ist das nicht nur ein erotischer Hochgenuss sondern auch wahre Freundschaft. Ein braver Ehemann wird er selten sein, da er alles Neue und somit jedes Abenteuer liebt. Damit sind nicht unbedingt Affären gemeint – die für ihn natürlich auch einen Reiz darstellen können – sondern sportliche oder berufliche Risiken. Hat er einen Entschluss gefasst, wird er selten davon abzubringen sein und stürzt sich Hals über Kopf ins Ungewisse.

Beim Sex liebt der Widdermann das Spontane. Er mag es fünf Minuten bevor seine Schwiegermutter zum Kaffee kommt oder in einem schattigen Bereich des Stadtparks. Er ist meist sofort bereit und denkt schon lange an Sex, bevor die Partnerin überhaupt die ersten Signale ausgesendet hat. Zum Vorspiel nimmt er sich wenig Zeit. Er kann diesem Wartezustand wenig abgewinnen. Er muss schnell und richtig zur Sache kommen. Am Anfang einer Beziehung kommt dieses Paar kaum aus dem Bett heraus und sammelt alle nur möglichen Erfahrungen.

Sollte aus der ersten Beziehung mit dem Widder etwas Ernsthaftes werden, liegt es meist am Partner, für Geduld im Bett zu sorgen. Haben sich die ersten Wogen geglättet, kann auch ein Widder Gefallen an ausgiebigeren zärtlichen Spielen finden. Allerdings wird es sehr schwierig werden, mit ihm nur zu kuscheln. Wenn er einmal den Entschluss gefasst hat, einen Glücksmoment zu erleben, wird er kaum davon abzubringen sein.

Was Widder und Partner verbindet

Ob es in einer Beziehung Harmonie oder Streit gibt, ist nicht immer nur Sache der Charaktere. Man spricht nicht umsonst vom guten Stern, der über einigen Beziehung steht. Eine Liebe, die ein Leben lang anhält, ist der Wunschtraum vieler Menschen in einer heute sehr schnelllebig gewordenen Zeit. Fast alle sehnen sich danach, im Partner die Person gefunden zu haben, mit der alle Schwierigkeiten im Leben zu meistern sind. Zudem darf eine harmonische Beziehung nie soweit abkühlen, dass sich die Partner auseinander leben. Hier kann ein Blick in das Partnerhoroskop helfen. Eventuelle Spannungen können so früh neutralisiert werden. Denn nur wenn Probleme früh erkannt werden, lassen sie sich schnell und unkompliziert lösen.

Zu einer vollkommenen Liebe gehört eine erfüllte Sexualität. Hält geistige und körperliche Verbundenheit sich die Waage, wird eine Beziehung in der Regel immer unter einem guten Stern stehen. Aber welche Vorlieben hat der Partner im Bett? Das ist eine viel zu selten gestellte Frage, die für einige Paare in der Trennung endet. Das muss nicht so sein.

Je mehr Sie sich mit den Vorlieben Ihrer Partnerin oder ihres Partners beschäftigen, desto erfüllender können die intimen Stunden für Sie beide werden.

Nachfolgende Partnerkonstellationen führen verborgene Wünsche und Abneigungen offen auf, die Ursache für Unlust im Bett sein können. Unterhalten Sie sich darüber mit ihrem Partner. Oftmals wird erst so ein lange gehegter Traum Wirklichkeit. Natürlich ist beim Sex alles erlaubt, was gefällt. Auch wenn Ihre Neigungen nicht genau den hier beschriebenen Praktiken entsprechen, finden Sie viele Anregungen, die das Sexualleben beleben können.

Widder als Partner des Widders

Nicht, dass hier alles unter schlechtem Stern steht – aber eine Beziehung zwischen zwei Widdern wird von einem grundlegenden Faktor beeinflusst: Die ausgeprägte Dominanz beider Geschöpfe, die es nicht auslassen, Schwächen des Partners sofort dazu zu nutzen, die Führungsrolle zu erobern. Hier kann es zu starken Konkurrenzkämpfen kommen, die in heftigen Streitereien oder sogar in Scheidung enden können.

Widder wollen einfach nicht nachgeben. Fühlen sie sich im Recht, fällt es ihnen sehr schwer, die Argumentationen des Gegenübers sachlich aufzunehmen.

Hat man als Widder seine Liebe im gleichen Sternbild gefunden, ist das aber noch lange kein Grund pessimistisch zu denken. Halten Widderpaare ihren Kampfeswillen unter Kontrolle, genießen sie wunderbare Momente, da beide sehr spontan sind und sich von ihrem Partner gerne begeistern lassen.

Nicht selten ist gemeinsamer Sport für Widderpaare ein ideales Ventil, Verstimmungen auszuräumen. Die körperliche Energie kann so freigesetzt werden, ohne sich aneinander aufzureiben. Es kann aber ratsam sein, hier nicht in gleichen Sportarten tätig zu sein, da sonst wieder Konflikte und Konkurrenzkämpfe entstehen können.

Gründet das Paar eine Familie und haben sich beide zusammengerauft, steht die Zukunft unter einem günstigeren Stern: Beide Partner sind ehrgeizig und sorgen gewissenhaft für den Lebensunterhalt. Es kommt selten vor, dass ein Widder die Füße hochlegt. Für ihn gibt es immer etwas zu tun und er erledigt auch unangenehme Arbeiten wie selbstverständlich.

Das Liebesspiel des Widder-Widder Paares

Sexuell ist dieses Paar dazu geschaffen, sadomasochistische Spiele in ihr Liebesspiel einzubauen. Beide genießen es, in unterschiedliche Rollen zu schlüpfen, zu dominieren und sich auch zeitweise – wenn auch nicht so gerne – zu unterwerfen. Nicht selten finden sich so Paare, die wundervolle Momente dieser Spielart praktizieren und dauerhaft in ihre Liebesleben einbauen.

Widderpaare, die Lack und Leder nichts abgewinnen können, finden oft in härteren Sexpraktiken Erfüllung. Kommt der Widder zum Orgasmus, ist er meist unbeherrscht und kann dem Partner auch Schmerzen zufügen. Da hier aber das Sternzeichen in sich selbst vereinigt ist, gewinnen beide durch diese ungestüme Kraft. Sie bändigen sich gegenseitig und finden im Gegenüber einen kräftigen Menschen, der bereit ist, ihnen auch im Bett die Stirn zu bieten. Beim Sex dieser Konstellation gibt es nur ein *Ganz* oder *Gar nicht*. Da beide Partner das so sehen, wird darüber aber selten ein Wort gewechselt. Jeder – ob Mann oder Frau – kommt auf seine Kosten.

Man kann sich nun vorstellen, dass dieses Paar Kuschelabende nicht so recht lieb gewinnen kann. Allerdings kann man auch hier, je nach Charakter, Widder finden, die ihre Kraft gut beherrschen können und romantische Abende mit Kuschelsex genießen. Widder lieben morgendlichen Sex. Wenn sie ihn nicht bekommen, treiben sie oft schon Sport vor dem Frühstück und können ihre starke sexuelle Energie so abbauen.

Stier als Partner des Widders

Stiere sind für ihren Langmut bekannt. Sie können mit der Sprunghaftigkeit ihrer Widderpartner sehr gut umgehen. Ein Stier hat, wie es so schön heißt, einen breiten Rücken. Jedoch sollte man sich nicht täuschen lassen: Zu große Sprünge können ihm, wie jedem anderen Partnersternzeichen, auch Verletzungen zufügen.

Der Widder hat in dieser Konstellation gerne die Hosen an. Wird das vom Stier toleriert, steht einer vollkommenen Beziehung nichts im Wege. Stiere übernehmen zwar selbst gerne in ihrer Beziehung die dominante Rolle, können aber leichter nachgeben als die Widder. Es liegt in der Natur des Stieres, sich ein wenig zurückzunehmen und dem Widder dadurch mehr Freiraum zu geben. Strebt der Stier selbst die Vormachtsstellung in der Beziehung an, kann es zu Machtkämpfen kommen, die unter Umständen in Unverständnis enden. Sehr zu empfehlen ist diesen Partnern, regelmäßig den Dialog zu suchen. Nur so lässt sich vermeiden, dass sich Probleme, Kränkungen und Verletzungen anstauen und zu unüberwindbaren Hindernissen werden, die nicht mehr ausgeräumt werden können.

Durch seine Unternehmungslust kann der Widder seinen Stierpartner immer aufs Neue begeistern. Behäbig und gutmütig folgt er dem freizeitaktiveren Widder. Stiere könne am Erfolg des Widders teilhaben und sich mit ihm freuen. Nicht selten ergibt sich so ein Paar, das aus einem ehrgeizigen und einem anspornenden Teil besteht. Bei Beziehungen dieser Art können die Rollen auch zweitweise getauscht werden. Diese Paare spornen sich gegenseitig zu Höchstleistungen in Beruf und Karriere an.

Das Liebesspiel des Widder-Stier Paares

Der Widder liebt die Abwechslung und die impulsive Macht beim Sex während der Stier lieber auf Altbewährtes zurückgreift und sich nicht so leicht verführen lässt. Hat der Widder jedoch den Entschluss zum Liebesspiel gefasst, wird der Stier kaum etwas dagegensetzen können.

Durch seine dickere Haut genießt der Stier die kräftigeren Berührungen des Widders. Ihn reizt zudem die Agilität seines Partners, der gerne oben sitzt oder liegt. Widder lassen sich gerne bewundern und diese Stellung ist eine der reizvollsten für dieses Paar. Der Stier kann in der Betrachtung des aktiven Partners schwelgen, während der Widder mit sportlicher Stärke und Ausdauer gerne auch öfter als ein Mal zum Höhepunkt kommt.

Trifft der Widder allerdings auf einen Stier, der sich kaum für Sex begeistern lässt, wird er mit hoher Wahrscheinlichkeit auf neue Suche gehen. Für Widder gehört Sexualität zum Leben wie das tägliche Brot. Erfahren Widder in Beziehungen wenig oder gar keine sexuelle Befriedigung, suchen sie sich sie nicht selten Ersatzhandlungen oder -partner. Einem Stier sei also geraten, sich nicht in seiner Beziehung zurückzulehnen.

Ein Widderpartner stellt sich gerne zur Schau und wird gerne bewundert. Das hat nichts mit Eitelkeit zu tun sondern mit einem ausgeprägten Körperbewusstsein. Erfährt der Widder hier Anerkennung, wird er dem Stier treu bleiben und diese Beziehung steht unter einem guten Stern.

Zwillinge als Partner des Widders

Zwillinge sind redegewandt und haben eine gutes Gespür für zwischenmenschliche Situationen. Diese Eigenschaft können sie sehr gut im Umgang mit dem impulsiven Widder ausspielen. Der Wille des Widders, in der Beziehung zu dominieren, läuft mit ihrem Geschick oft ins Leere, ohne dass er etwas davon mitbekommt. Das bedeutet aber noch lange nicht, dass deshalb der Zwilling klein beigibt. Er taktiert geschickt und kommt fast immer auf seine Kosten. Die Spontaneität des Widders liegt genau auf der Wellenlänge des Zwillings, der selbst immer neue Herausforderungen und Abenteuer sucht.

Dieses Paar wird manchmal erst im Alter ruhiger, wenn beide sich alleine oder gemeinsam bewiesen haben, dass sie ihre Träume verwirklichen können. Nicht selten begeben sie sich auch zu zweit auf Reisen. Allerdings ist dann nicht Strandurlaub angesagt. Ihrem Charakter entspricht es eher, Wüstendurchquerungen oder Segeltörns zu meistern. Da Vorplanung nicht unbedingt die herausragende Eigenschaft des Widders ist, lassen sich beide vor allem im Urlaub von einem interessanten Abenteuer zum nächsten treiben und wissen oft am Abend noch nicht, wo sie die Nacht verbringen werden.

Zwillinge genießen diese Eigenschaft der Widder, obwohl sie sich manchmal etwas mehr Verständnis für ihre Situation wünschen. Denn nicht selten wird die Anpassungsfähigkeit des Zwillings vom Widder als natürliche Eigenschaft wahrgenommen. Nur wenn der Widder seine dominante Rolle hin und wieder zügelt und dem Zwilling auch einmal die Zügel in die Hand gibt, wird die Beziehung auf Dauer gesund bleiben.

Das Liebesspiel des Widder-Zwillinge Paares

Beide Sternzeichen haben keine Hemmungen ihre Körper in aller Natürlichkeit zu zeigen. Nicht selten sind beide Nacktschläfer. Schlafanzüge und Nachthemden wirken eher befremdlich auf sie. Mit der Sexualität verhält es sich ähnlich: Sie wird konsumiert wie das tägliche Essen. Sie gehört einfach zum Leben dazu und ist die natürlichste Sache der Welt.

Da beide Tierkreiszeichen neuen Erfahrungen und Abenteuern aufgeschlossen sind, kommt es nicht selten zu extravaganten Spielarten, die beiden sehr viel Spaß bereiten. Betreten beide einen Sexshop, kommen sie bestimmt mit den außergewöhnlichsten Spielsachen nach Hause, um sie gleich auszuprobieren.

Das Vorspiel dauert bei Widdern aber meist nicht allzu lange. Sein Wille, zum Orgasmus zu kommen, ist unheimlich stark ausgeprägt. So liegt es am Zwilling, durch kleine Pausen das Liebesspiel hinauszuzögern und so die Lust bis zur Ekstase zu steigern. Beide Partner lieben den Anblick von erotische Abbildungen und fremdländischen Liebesweisen. So kommt es nicht selten vor, dass sich beide im Spiel des Kamasutra versuchen und sich so in immer neue lustvolle Abenteuer stürzen.

Langeweile und Monotonie im Bett sollte der Widder vermeiden. Zwillinge mögen es nicht immer auf die gleiche Art. Sie suchen die Abwechslung und entfalten sich nur hier in ihrer ganzen Hingabe. Sorgt der Widder für diese Abwechslung, findet er im Zwilling auch in der körperlichen Liebe den idealen Partner.

Krebs als Partner des Widders

Im Sternzeichen des Krebses geborene Menschen sind in der Regel gutmütig und sanft. Sie sind Familienmenschen, die friedliche Harmonie bevorzugen und gemütlicher Natur sind. Sollten sie jedoch immer wieder über alle Maßen gereizt werden, können Krebse in ungewohnt heftiger Weise reagieren. Da Widder oft impulsiv, mitunter auch, ohne es überhaupt zu merken, ihre Meinung kundtun und mit Kritik ebensowenig zurückhaltend sind, kann es zu Spannungen in der Beziehungen kommen.

Hat ein Widder in einem Krebs seinen idealen Partner gefunden, sollte er immer daran denken, welche Konsequenzen seine Äußerungen und sein Handeln haben. Nur durch Rücksichtnahme und gegenseitiges Verständnis kann eine Beziehung zwischen diesen Tierkreiszeichen auf Dauer bestehen. Der Krebs sollte seinerseits dem Widder genug Freiraum geben, seine Abenteuerlust auszuleben. Damit sind jedoch keine Liebesabenteuer mit Dritten gemeint! Ein solcher Vertrauensverlust führt beim Krebs schnell dazu, sich vom Widder abzuwenden und sein Glück woanders zu suchen.

Haben beide Partner eine gemeinsame Familie, wird der Widder im Krebs einen mütterlichen Beschützer seiner Kinder finden. Kommt es zu Konflikten, versteht es kaum ein anderes Tierkreiszeichen besser als der Krebs, schlechte Launen ins Gegenteil zu kehren und Missverständnisse auszuräumen. Krebse haben die Gabe, Launen und unausgesprochene Probleme zu erspüren und durch geschickte nachsichtige Worte elegant aus dem Weg zu beseitigen.

Das Liebesspiel des Widder-Krebs Paares

Ausgiebiges Flirten und Abenteuerlust sind nicht unbedingt die Stärken des Krebses. Nicht selten ist er eher ein schüchterner Charakter und wird einem übereifrigen Widder eher mit Ablehnung begegnen. Da Krebsen die Familie wichtiger als alles andere ist, wird er sich selten auf kurze Abenteuer mit einem Widder einlassen. Sie verkörpern für ihn durch ihre impulsive und stark ausgeprägte dominante Art nicht unbedingt den idealen Sexualpartner. Das kann sich jedoch ändern, wenn der Krebs merkt, dass der Widder es mit einer gemeinsamen Zukunft wirklich ernst meint.

Oft öffnet sich der Krebs dann erst in all seiner Hingabe und genießt die stürmische Kraft des Widders. Ist der Krebs einmal gewonnen und wird vom Widder nicht enttäuscht, entflammt in ihm hingebungsvolle Zärtlichkeit, an die sich der Widder in seiner eher stürmischen Art erst gewöhnen muss.

Ist der Widder an ein längeres Vorspiel gewöhnt, findet das Paar hier die Erfüllung. Streichelnde Zärtlichkeiten und Küsse auf den ganzen Körper liegen genau auf der Wellenlänge des Krebses, der sich gerne auch mit der Zunge verwöhnen lässt. Hat sich das Paar eingespielt, wird es sehr innige und ekstatische Momente erleben, obwohl selten beide gleichzeitig zum Orgasmus kommen. Das anzustreben, sollte das Ziel eines solchen Paares sein.

Löwe als Partner des Widders

Widder und Löwe sind dominante Tierkreiszeichen. Als der König der Tiere ist der Löwe gewohnt, auf seine Stärke und seine Kraft zu vertrauen. Da der Löwe selten ängstlich oder bekümmert ist, kommt sein Charakter dem Widder ganz entgegen. In einer Beziehung agieren beide Partner meist auf Augenhöhe, wobei der Löwe eher Bewunderung fordert, der Widder hingegen seinen Führungsanspruch auch hier nicht aufgeben will. Das ist aber kein Nachteil, da der Löwe diese Kleinigkeit oft gar nicht bemerkt. Für ihn zählt es, seine abgesteckten Ziele weiter verfolgen zu können.

Gründen beide eine Familie, treiben sich die Partner gegenseitig zu Höchstleistungen. Nicht selten arbeiten sie schnell wieder Vollzeit und gönnen sich nur wenig Urlaub.

In Beziehungen, in denen der Löwe die ihm eigenen Führungsqualitäten ausleben will, muss der Widder zurückstecken, um ohne Blessuren durchs Leben zu kommen. Der Löwe wird in dieser Konstellation selten nachgeben. Will er seine Stärke mit Macht ausspielen, kann der Widder oftmals hier nicht auf Dauer dagegen halten. Der Widder geht dann als Verlierer aus der Konfrontation. Da Widder lieber auf der Gewinnerseite agieren, sollten Löwen nicht immer alle Register ziehen, um an ihre Ziele zu kommen. Gerissene Wunden heilen beim Widder nicht so schnell, wie er vielleicht vermutet.

Kann der Löwe seine Kraft zügeln und der Widder seinen dominanten Charakter zurückhalten, lieben sich beide oft ein Leben lang, sind ausgesprochen glücklich und voller Tatendrang.

Das Liebesspiel des Widder-Löwe Paares

Genau wie in der Liebe steht beim Sex alles unter einem günstigen Stern. Löwen kommen ebenso wie Widder schnell und ohne Umschweife zur Sache. Natürlichkeit liegt ihnen und sie mögen es nicht, wenn der Partner stundenlang im Bad verbringt.
Der extrovertierte Löwe versteht es, mit der Lust des Widders umzugehen. Nicht selten haben beide ungestümen Sex, der dem Anschein nach, wenig mit Zärtlichkeit zu tun hat. Aus diesem Grund bevorzugen beide auch schnörkellose Nacktheit ohne Spielereien. Der Löwe kann die Dominanz des Widders durch seine eigene Kraft bändigen und ihn durch kraftvollen Sex zur Ekstase bringen. Das Flirten sehen beide Partner als natürlichste Sache der Welt und liegen – haben sie sich einmal gefunden – schnell zusammen im Bett. Schuld daran ist die bei beiden stark ausgeprägte Libido, dir hier beim Partner auf ein Gegenüber trifft, dass genau seinen Neigungen entspricht.
Oftmals genügt ein kleiner Augenaufschlag, ein besonderer Blick oder eine fast beiläufige Berührung des Widders, um das Blut des Löwen in Wallung zu bringen. Es steht dann allerdings nicht eindcutig fest, von wem die ersten Signale ausgegangen sind. Ohne Worte kann es richtig heiß zur Sache gehen. Das Widder-Löwe-Paar sollte sich aber vor Partnertausch, Swingerclubs und ähnlichen Spielchen hüten. Denn jeder, Widder oder Löwe, kann in Fremdgehen und Eifersucht seine negativste Seite zeigen. Das Vertrauen in den Partner ist dann ein für allemal dahin.

Jungfrau als Partner des Widders

Widder und Jungfrau sind eine der gegensätzlichsten Paarkombinationen. Das liegt an der oft ausgeprägten Selbstbeherrschung und der taktvollen Zurückhaltung der Jungfrau.

Was bei anderen Sternzeichen oft als willkommene Herausforderung für den Widder dient, kann hier leicht in Verdruss enden. Selten halten Beziehungen zwischen diesen beiden Sternzeichen ein Leben lang. Denn vom Widder und auch vom Sternzeichen der Jungfrau wird viel Geduld und Toleranz gefordert. Das ist besonders schwer für den Jungfrau-Partner, der sich nicht gerne vom Widder einfangen lässt.

Das ausgeprägt vernünftige und vorausschauende Verhalten der Jungfrau kann sich nur mit gegenseitiger Toleranz an das oft bedenkenlose Vorpreschen des Widders gewöhnen. Ein Widder, der sich auf eine Jungfrau einlässt, weiß in der Regel, was er tut und dass er sich dabei selbst etwas zügeln muss. Zwei Eigenschaften der Jungfrau kommen den Charakterzügen des Widders entgegen: Ausdauer und Ehrgeiz. Erkennen beide Sternzeichen hier ihre Gemeinsamkeiten, gehen sie eher pflichtbewusst und mit Eifer daran, ihr Leben für die Zukunft zu planen. Jungfrauen sollten in einer solchen Beziehung mit Kritik am Partner etwas vorsichtig sein. Oft erkennt ein Widder einfach nicht, dass er etwas falsch gemacht hat. Hier bietet sich an, eher nüchtern über die Geschehnisse zu sprechen, als sich sofort in unsachliche Emotionen hineinzusteigern. Humor spielt für beide in dieser Kombination eine große Rolle. Er kann gut dazu genutzt werden, den Partner immer wieder für sich zu begeistern und dunkle Wolken schnell zu vertreiben.

Das Liebesspiel des Widder-Jungfrau Paares

In sexueller Hinsicht können sich für das Widder-Jungfrau-Paar schwerwiegende Probleme ergeben. Widder wollen viele Dinge ausprobieren, Jungfrauen können dagegen oft ihre Gedanken beim Sex nicht ganz ausschalten. Sie üben selbst im Bett Selbstbeherrschung. Was nicht bedeutet, dass es manchen Widdern tatsächlich gelingt das scheue Sternzeichen der Jungfrau mit sexueller Fantasie zu erfüllen.

Viele im Zeichen der Jungfrau geborene Menschen können sich sehr wohl nach anfänglichen schüchternen Phasen öffnen. Dann sind sie auch zu Spielen bereit, zu denen der Widder neigt, der die Sexualität wie seine tägliche Mahlzeit genießt. Man kann es weder dem einen noch dem anderen vorwerfen, dass er so ist, wie er ist. Widder kommen eben gerne schnell zur Sache, während Jungfrauen dafür länger brauchen. Steckt der Widder etwas zurück und übt sich in Geduld, kann er mit der Jungfrau wundervolle zärtliche Stunden erleben. Jungfrauen lieben es, sich beim Sex anzusehen. Für sie hat Sex immer etwas mit Liebe zu tun und der Blick in die Augen berauscht sie bis zur Ekstase.

Widder lieben den schönen Körper ihres Partners und begehren ihn heiß und innig. Im Lauf der Zeit können sich sexuelle Spielarten entwickeln, die den Widder immer aufs Neue erregen und seine Lust anfachen. Jungfrauen verstehen sich sehr gut darauf, mit ihren körperlichen Reizen spielen. Aber Vorsicht: Auf das, was dann kommt, sollten sie vorbereitet sein.

Waage als Partner des Widders

Eine erfolgreiche Ehe ist in dieser Kombination zwar nicht unmöglich aber schwierig. Waagen lassen sich nur schwer erobern – zumindest nicht auf plumpe oder derbe Art. Daran haben Waagen kein Interesse und Widder können sich hier jahrelang die Zähne ausbeissen. Zu schnell ist das Waage-Sternzeichen eingeschnappt und der Widder wird für sie uninteressant. Die natürliche Kraft und der Ehrgeiz des Widders stoßen bei der Waage meist auf Skepsis und Widerstand, manchmal lacht sie sogar über den Widder, der sich immer wieder die Hörner abstößt. Sie kann hier leider nicht anders und muss sich abwenden. Vieles, das den Widder auszeichnet, läuft ihr von vornherein gegen den Strich.

Denn Harmonie und Ausgeglichenheit sind die Schwerpunkte der Waagen. Genau diese Eigenschaften werden sie selten in Widdern wiederfinden. Um hier trotzdem eine funktionierende Partnerschaft aufzubauen, müssen beide ihre innersten Überzeugungen überdenken und sich dem Partner annähern. Nicht selten hilft es, den anderen einfach so zu akzeptieren, wie er ist und sich davon zu verabschieden ihn immer wieder ändern zu müssen. Können sich beide Sternzeichen auf einander verlassen und gewähren sie sich gegenseitig den nötigen Freiraum, wird ihre Beziehung lange gesund bleiben. Haben beide Sternzeichen diese Umgangsweise für sich erkannt, können sich wundervoll innige Beziehungen ergeben, die von gegenseitiger Anerkennung, Respekt und Stolz gekennzeichnet sind.

Das Liebesspiel des Widder-Waage Paares

Waagen zeigen ihre Schönheit. Sie verstehen es, ihre Kleidung so wählen, dass ihre Attraktivität betont wird. Auch die Männer dieses Sternzeichens achten genau auf ihren Aussehen. Denn Waagen haben einen leichten Hang zu Selbstverliebtheit, was hier nicht negativ gemeint ist.

Widder sollten aufpassen, während des Sex nicht zu ungestüm vorzugehen. Packt der Widder zu fest oder zu schnell zu oder versucht er gar die Waage in einer für ihn angenehmen Position zu halten, wird er schnell Missfallen und Unlust ernten. Waagen wollen beim Sex eindeutig mitbestimmen. Sie wünschen es nicht, unsanft behandelt zu werden oder gar während des Sex mit Dirty-Talking belästigt zu werden. Ein solches Verhalten wirkt eher abtörnend auf die harmonieliebenden Waagen.

Wenn der Widder seine eigenen Triebe etwas zurückhalten kann, entfacht er oft in der Waage eine Eigendynamik mit unvorhersehbaren Kräften. Waagen schlafen gerne bis in die Mittagsstunden und können mit Widdern den ganzen Tag im Bett verbringen. Kulinarischen Lüsten geben sie sich genauso gerne hin, wie wundervollen Zungenmassagen. Allerdings müssen die Signale der Waage ganz auf Grün stehen. Ist die Waage einverstanden, kann sie vom Widder auch zu den ungewöhnlichsten Spielarten überredet werden. Allerdings muss sie es sich aus innerster Überzeugung wünschen – sonst merkt der Widder schnell, dass er hier seine Triebe nicht voll ausleben kann und wird unzufrieden.

Skorpion als Partner des Widders

Die Eifersucht des Skorpions kann den Widder nicht nur einmal zur Verzweiflung bringen. Hier ist Vorsicht geboten! Nicht selten scheitern Beziehungen dieser beiden Sternzeichen daran.

Skorpione sind Energiebündel. Sie versäumen keine Gelegenheit, auszugehen und Kontakte zu knüpfen. Verscherzt man es aber mit Ihnen, können sie so böse werden, dass man in Deckung gehen muss. Auch bei ihrem Partner billigen sie selten Schwächen und können diese auch selten nachvollziehen.

Die Leidenschaft eines Skorpions erstreckt sich nicht nur auf das Sexualleben. Darin unterscheidet sie sich vom Widder. Alles, was sich der Skorpion vornimmt, setzt er durch. Da der Widder einen ähnlichen Machtanspruch hegt, kann es zu Spannungen kommen, die manchmal schwer auszuräumen sind.

Oft finden sich diese Paare erst, wenn sie sich bereits die Hörner bei anderen Partnern abgestoßen haben. Dann haben beide die nötigen Erfahrungen gesammelt und können sich sehr gut in den anderen hinein versetzen. Sie erkennen dann die Leistungen des anderen ohne Hintergedanken und Konkurrenzdrang an und können ihn von Herzen unterstützen.

Haben beide das notwendige Vertrauen zueinander und begehen keine Fehltritte, die die Treue in Frage stellen, sind sie ein Paar mit Zukunft. Beide sollten sich jedoch vor Affären hüten. Bekommt der Partner davon etwas mit, kann das sehr böse ausgehen. Denn Skorpione wie auch Widder vermengen ab und zu Eifersucht und Rachsucht zu einem giftigen Cocktail.

Das Liebesspiel des Widder-Skorpion Paares

Der Skorpion liebt Machtspiele – auch im Bett. Das macht ihn zu einer wahnsinnig anziehenden Persönlichkeit für den Widder. Der Widder will nichts anderes, als den Skorpion unterwerfen. Diese Spannung kommt auch im Sexualleben dieses Paares auf. Sie kann einerseits zu kraftvollen und lang andauernden Erlebnissen führen, andererseits aber auch zu fast brutal wirkenden Akten auf Bahnhofstoiletten.

Deuten beide Partner die Signale des anderen richtig, kann daraus eine der reizvollsten Partnerschaften entstehen. Gelegenheiten gibt es immer. Und der Widder ist in fast allen Situationen dazu bereit, dem Skorpion seine Wünsche zu erfüllen. Nicht selten erleben diese Paare ihre Sexualität eher an ungewöhnlichen Orten oder im Urlaub. Beide lieben die Extravaganz und können mit Alltagsmonotonie nicht viel anfangen. Vielleicht liegt hier auch die Schwäche des Paares.

Der impulsive Tatendrang des Widders ist hier das verbindende Element, das das Paar in gemeinsamen aufregenden Unternehmungen aufgehen lässt. In der Widder-Skorpion-Partnerschaft dauert Sex nicht allzu lange. Dafür ist er umso kraftvoller und intensiver. Nicht selten tragen beide kleinere Blessuren davon, wenn sie sich vereinigen. Da beide Sternzeichen einen Hang zur Selbstdarstellung haben, wird man sie ab und an auch mit einem Spiegel über dem Bett vollkommen glücklich machen können.

Schütze als Partner des Widders

Widder und Schütze haben eines Gemeinsam: Sie sind Naturen, die sich nicht mit einer Niederlage zufrieden geben. Auch ein zweiter Platz ist für sie selten gut genug. Wird diese Eigenschaft in die Verwirklichung eines gemeinsamen Traumes gelenkt, kann es zu herausragenden Leistungen dieser Verbindung kommen. Den Hang des Schützen zur Melancholie kann der Widder mit seiner Unternehmungslust erfolgreich bekämpfen. Da Schützen Romantiker sind, denken sie immer, dass es sich bei ihrer aktuellen Verliebtheit um den einzig wahren Partner handelt. Widder, die diese Eigenschaft fördern und den Schützen in kameradschaftlicher Art lieben, werden Erfolg haben und die Beziehung steht unter einem guten Stern. Schützen sind in der Regel tolerant und gutmütig. Sie verfügen meist über einen Humor, den der Widder von Anfang an liebt.

Widder fühlen sich in dieser Konstellation ausgesprochen wohl. Sie haben hier nicht das Gefühl, dass es immer noch einen besseren Partner geben müsste. Auch der Schütze ist meist in dieser Beziehung glücklich. Das Paar redet oft stundenlang mit einander und der gemeinsame Hang zu Neuentdeckungen und Abenteuern mündet in spontanen Unternehmungen. Diese können sich im Bereich der Kultur wie auch im Bereich des Sports und der Entdeckung fremder Kulturen offenbaren.

Wissen beide Partner genau, was sie im Gegenüber gefunden haben, lassen sie sich meist das ganze Leben lang nicht mehr los. Sie haben nun endlich gefunden, was sie schon so lange gesucht haben.

Das Liebesspiel des Widder-Schütze Paares

Schützen macht es nichts aus, sich mehrmals am Tag zu lieben. Wie der Widder genießt der Schütze Sex als natürlichste Sache der Welt. Beide Partner lieben sich kraftvoll und ausgiebig. Da sie beide Oralsex mögen, verbringen sie oft endlose Momente in innigster Erregung. Der Schütze kann seine Zunge gebrauchen, wie kaum ein anderer und schreckt vor kaum einer Spielart der Liebe zurück.

Beide Partner haben einen gewissen Hang zu außergewöhnlichem Sex. Sie lieben schöne Wäsche und Dessous. Auch einem Lack- und Leder-Outfit sind sie nicht abgeneigt, sofern dieser Wunsch nicht nur einseitig besteht. Da beide Rollenspiele mögen, können sich hier abwechselnde Machtsituationen während des Geschlechtsverkehrs ergeben, die zu den reizvollsten Momenten gehören, die das Paar erleben kann. Nicht selten mag der Schütze Analverkehr, was dem Widder oft widerstrebt, bis er ihn ausprobiert hat. Beide lassen sich auch im Bett gerne mit neuen Ideen überraschen.

Der Widder nimmt den Schützen gerne von hinten. Allerdings genießt er ebenso eine dominante Stellung des Schützen, die ihn unterwirft und nur als Sexualobjekt sieht. Gerne spricht dieses Paar aus, was es während des Aktes sieht oder sich wünscht. So kommt es kaum zu Missverständnissen, denn der Schütze sagt meist immer, was ihn stört und was ihm gefällt. Genauso kraftvoll wie der eigentliche Akt, ist das Vorspiel, bei dem sich beide Partner gerne mit Ölen massieren. Sie lieben die Berührung der Haut und wünschen sich nichts sehnlicher, als miteinander zu verschmelzen.

Steinbock als Partner des Widders

Die Zeichen für eine lange Partnerschaft stehen bei einer Verbindung dieser Sternzeichen auf Grün. Nicht selten nähern sich
beide Sternzeichen so aneinander an, dass sie in ihren Charak-
teren ähnlich werden. Sie wollen jedoch keinesfalls den Partner
nach ihren eigenen Wünschen ändern – sondern nehmen sich
selbst etwas zurück, um die Harmonie zu fördern. Kommt es in
anderen Konstellation oft zu tiefgreifenden Konflikten, werden
diese in dieser Partnerschaft immer schnell ausgeräumt. Rosen-
kriege kommen hier so gut wie nie vor. Allerdings setzt das ein
gegenseitiges Verständnis für den Partner voraus.
Beide Sternzeichen haben einer sehr gute Kondition, was sich bei
der Karriere und bei der gemeinsamen Lebensgestaltung positiv
auswirkt, da hier das Paar immer am gleichen Strang zieht.
Die hier nicht zu verschweigenden negativen Aspekte sind die
Rangkämpfe der gehörnten Tiere. Manchmal zu schnell und
aus unwichtigen Gründen begeben sie sich in die Kampfarena
und hauen dem Partner alles um die Ohren, was sie nur finden
können. Da sie in dieser Konstellation auf einen ebenbürtigen
Gegner treffen, wiegeln sich solche Auseinandersetzungen oft zu
heftigen Streiterein auf. Hier ist es an beiden Sternzeichen, den
Launen des anderen mit Nachsicht zu begegnen und sich nicht
unnötig provozieren zu lassen. Beide Sternzeichen neigen dazu,
Kritik schnell persönlich zu nehmen. Sie sollten nicht vergessen:
Man sieht nur mit dem Herzen gut. Worte sollte man nicht auf
die Goldwaage legen.

Das Liebesspiel des Widder-Steinbock Paares

Der Widder versteht es perfekt, die Libido des Steinbocks zu wecken. Seine Spontaneität, die sich oft in Unternehmungslust äußert, führt das Paar oft an ungewöhnliche Liebesorte. Nicht selten lieben sie sich im Urlaub jeden Tag und verbringen viele Stunden im Hotelzimmer ohne sich die Sehenswürdigkeiten anzusehen. Ist der Steinbock auf den Geschmack gekommen, liebt er intensiv und ausgiebig. Er lässt sich dann auch oft ohne Vorspiel auf kurze sexuelle Glücksmomente ein.

Die Machtverhältnisse spielen in dieser Beziehung keine so große Rolle. Der Widder kann sich hier gut zurücknehmen, weil er spürt, welche sexuelle Kraft im Steinbock schlummert. Gegenseitige Toleranz führt diese Partnerschaften oft in hohes Alter, in dem der Sex dann immer noch Bestandteil des Lebens bleibt. Da Schwächen beider Sternzeichen vom anderen geflissentlich übersehen werden, kommt es auch zu keiner Abwendung vom Partner aufgrund abwegig erscheinender sexueller Vorlieben. Viele Spielarten werden von beiden akzeptiert und in das Liebesspiel eingebunden. Ein Paar, welches Sex auf diese Art praktiziert wird wundervolle Momente in höchster Erregung und Befriedigung erleben. Besonders reizvoll ist für beide, sich asiatischen Liebestechniken zu widmen, sofern sie genügend Geduld dafür aufbringen. Multiple Orgasmen bei Männern und Frauen sind hier in einer Harmonie möglich, die in anderen Konstellationen undenkbar wären.

Wassermann als Partner des Widders

Wassermänner haben eher ein abwartendes und passiv wirkendes Gemüt, das aber keinesfalls mit Schüchternheit verwechselt werden darf. Haben Widder diesen ersten Schutzpanzer geknackt, tauchen Wassermänner oft zur vollen Größe auf. Wassermänner verfügen über eine ungewöhnliche Anpassungsfähigkeit, die Widdern sehr entgegenkommt. Allerdings sollte diese Eigenschaft niemals ausgenutzt werden. Denn, hat der Wassermann einen Trennungsentschluss getroffen, wird er nicht mehr davon abzubringen sein.

Der Wassermann geht gerne aus – er ist nicht gerne alleine. Diese Eigenschaft verbindet ihn mit dem Widder, der gerne spontan abends um die Häuser zieht. Nicht selten ergeben sich sehr gute Freundschaften zwischen Widdern und Wassermännern, die ein Leben lang andauern können. Für eine lebenslange Liebe müssen beide Sternzeichen jedoch aufeinander zugehen. Der Widder muss vor allem behutsam vorgehen. Denn der Wassermann liebt es nicht, unbesonnen überrannt zu werden.

Das Paar läuft allerdings Gefahr, sich Hals über Kopf ineinander zu verlieben. Dann sehen beide einfach alles durch die rosarote Brille. Diese Eigenschaft setzt sich dann im weiteren Leben fort, wo oft durch gemeinsamen Enthusiasmus, Entscheidungen nicht genau genug durchdacht werden. Ein solches Paar sollte bei größeren Anschaffungen immer einen Sachverständigen oder Anwalt hinzuziehen. Das dafür eingesetzte Geld ist in jeder Hinsicht gut angelegt.

Das Liebesspiel des Widder-Wassermann Paares

Der Wassermann liebt es, verwöhnt zu werden. Damit sind nicht nur Streicheleinheiten gemeint, sondern alle Spielarten der zärtlichen Zuwendung. Oralsex und Massagen genießt er ebenso, wie ausgiebige Badeorgien. Er kann dabei sogar einschlafen. Dies ist jedoch nicht böse gemeint – denn der Wassermann kann einfach nicht anders, als sich hundertprozentig hingeben. Der Widder kann dem Wassermann die abwegigsten Vorschläge für sexuelle Spielarten machen und wird fast immer sein Gehör finden. Ausprobieren wird der Wassermann alles. Allerdings sagt er es auch deutlich, wenn ihm etwas nicht zusagt.

Wassermänner lieben es, sich der sexuellen Energie des Widders zu unterwerfen. Sie praktizieren gerne Oralsex und werden vom Widder am liebsten in lustbringende Positionen geführt. Das sieht nicht selten grob aus – ist aber für beide der reinste Lustgewinn. Der Widder entschädigt den Wassermann sogleich für alle seine Zuwendungen. Die so entfaltete Kraft des Widders ist animalisch. Er vergisst sich und alles um sich herum. Er ist nur noch Energie, die sich ganz dem Wassermann zuwendet. Versteht dieser diese Energie aufzufangen, ist diese Beziehung eine wundervolle Symbiose, aus der beide vollständige Befriedigung schöpfen können.

Beide lieben das Gefühl kühler Seide auf der Haut. Sollten sie seidene Bettwäsche noch nicht ausprobiert haben, wird es höchste Zeit!

Fische als Partner des Widders

Fische empfinden Widder oft als taktlos. Sie reagieren vielfach sehr sensibel auf die Wortwahl der Widder, die hier nicht unbedingt ihre Stärke zeigen. Das wirft in der Anfangszeit von Beziehungen oft Schwierigkeiten auf. Die impulsive Art und die Spontaneität des Sternzeichens Widder werden hingegen auf geniale Art vom Zeichen der Fische aufgenommen. Fische sind flexibel und können mit großen Kräften und Launen umgehen. Allerdings neigen sie auch dazu, beleidigt zu reagieren, was in Krisensituationen oft zum Bruch einer Beziehung führt.

Nicht selten sind es aber Fische, die die Situation durch ihre sensible Art meistern und einem stürmischen Widdern noch eine zweite Chance einräumen. Enttäuschte Widder, die Schmerzen noch nicht verarbeitet haben, finden oftmals in Fischen ihren idealen Partner.

Spielt der Widder seinen Kampfeseifer nicht immer aus, verläuft die Fische-Widder-Kombination als glückliche Partnerschaft. Und mit Glück ist wirkliches Liebes- und Lebensglück verbunden. Gründen sie eine Familie, kümmern sie sich verantwortungsvoll um den Nachwuchs und bringen wie kaum ein anderes Paar die Sonne in den manchmal monotonen Alltag.

Ist die Beziehung gesund, sollten sich beide Partner bemühen, durch gegenseitige Aufmerksamkeit und Zuwendung das Gefühl der Liebe aufrecht zu halten. So kann die Harmonie dieses Paares auch in stürmischen Zeiten nicht gestört werden. Auf diese Weise innig verbundene Paare, leben meist bis an ihr Lebensende glücklich und zufrieden zusammen.

Das Liebesspiel des Widder-Fische Paares

Beim Liebesspiel werden Widder von Fischen sehr angezogen. Der natürliche Optimismus der Fische steckt sie an. Zudem agieren Fische im Bett sehr natürlich und intuitiv. Auch das mag der Widder-Geborene sehr gerne. Er ist ja selbst ein impulsiver Mensch, der auch bei der Lust nicht sehr über die Hintergründe nachdenkt. Schöne Stunden in intimer Zweisamkeit liegen ihm mehr als das Philosophieren und das Heraufbeschwören von Problemen – Eigenschaften, die ihn zum idealen Partner des Fisches machen.

Kommen beide Partner mit dem unterschiedlichen Temperament des Gegenüber zurecht, werden sie aneinander oft ein ganzes Leben lang Freude haben. Die intimen Stunden gestalten sich in wundervoller Harmonie. Wünsche werden bei langjährigen Partnern von den Augen abgelesen und selten trennen sich diese Partner nach langjährigen Beziehungen.

Beide Sternzeichen lieben das Gefühl von nackter Haut. Sie schlafen beide gerne nackt oder wandeln sogar so durch die Wohnung. Sie lieben beide ausgiebige hingebungsvolle Stunden, in denen auch neue Spielarten gerne ausprobiert werden. Da sie zusätzlich noch ein inneres Band verbindet, verlieren sie auch dann keine Lust aneinander, wenn das Spielzeug nicht parat liegt. Sie erfreuen sich in erster Linie am Körper ihres Partners. Alles, was ihnen den Blick darauf verdeckt, wirkt aus diesem Grund störend auf sie.

Der Jahresrhythmus der Sternzeichen

Wie beim bekannten Biorhythmus gibt es auch in der Liebe zeitweise Höhen und Tiefen. In der Partnerschaft kann es deshalb zu Hochgefühlen und Konflikten kommen, die persönlich schwer beeinflusst werden können. Manchmal denken wir, dass wir schon morgens mit dem falschen Fuß aufgestanden sind, an anderen Tagen fühlen wir uns energiegeladen und uns gelingt alles, was wir uns für diesen Tag vorgenommen haben. Wenn es uns gelingt, die innere Uhr abzulesen, die von unserem Sternzeichen beeinflusst wird, haben wir die Möglichkeit, unser Leben positiv zu beeinflussen. Nicht immer ist es vorteilhaft, sich mit aller Kraft einer inneren Stimmung entgegen zu stemmen. Wenn wir die Ursache jedoch kennen, können wir auch mit unseren Schwächen behutsamer umgehen und sie lieben lernen.

Wir sind eine Einheit aus Geist und Körper. Wenn etwas aus dem Gleichgewicht gerät und eine Seite elementar vernachlässigt wird, hat das oft gesundheitliche Probleme zur Folge. Um dieser Gefahr vorzubeugen, genügt es, seine innere Stimme lesen zu lernen um seine Reserven besser abschätzen zu können.

Die folgenden Diagramme helfen dabei, unbewusste Schwächen und Höhen des Sternzeichens im Jahresverlauf zu erkennen – auch wenn sie zum jeweiligen Zeitpunkt vielleicht nicht offensichtlich sind. Ist eine Kurve im Tal, bedeutet das nicht, dass es zur Zeit unmöglich ist, gewisse Dinge trotzdem in Angriff zu nehmen. Im Gegenteil: Es sollte Motivation geben, die zur Zeit vernachlässigten Bereiche in Eigeninitiative zum Positiven zu wenden.

Die Sterne beeinflussen zwar unser Leben, jedoch können wir eigene Richtungen und Impulse setzen, die auch in scheinbar negativen Konstellationen zu Erfolg und Glück führen können.

Libido

Diese Kurve zeigt unsere unbewusste sexuelle Energie an. Zeiten sexueller Aktivität und Kraft wechseln mit scheinbar lustlosen Momenten. In Zeiten der Hochphasen, spüren wir die sexuelle Anziehungskraft des Partners besonders stark. Wir begehren und wünschen uns begehrt zu werden. Schläft die Libido zeitweise ein, ist es an der Zeit, das Feuer neu zu entfachen.

Körper

Der eigene Körper gerät in dieser schnelllebigen Zeit oft in Vergessenheit. Oft spüren wir ihn erst, wenn er Warnsignale aussendet. Manchmal ist es dann schon zu spät, ihm wieder Erholung zu verschaffen. In Zeiten der Kraftlosigkeit empfiehlt sich Sport, Wellness und die Beschäftigung mit dem eigenen Körper.

Geist

Im Berufsleben beanspruchen wir ihn oft so stark, dass wir zu Hause nur noch unsere Ruhe haben wollen. Stress ist Gift für unsere Seele. Er wirkt sich negativ auf unsere Gesundheit aus. Viele Menschen gönnen sich zu wenig Zeit für sich selbst. Meditation und Entspannungstechniken helfen uns dabei, Krisensituationen zu meistern und wieder Energie zu tanken.

Liebe

Liebe bedeutet hier, dem Partner Aufmerksamkeit zu schenken, und ihm zuzuhören. Niemand steht seinem Partner näher als Sie selbst. Es liegt an Ihnen, Situationen zu wundervollen Momenten zu verwandeln. In diesen vertrauensvollen Phasen spüren sie das innere Band, das sie verbindet.

Widder-Frau

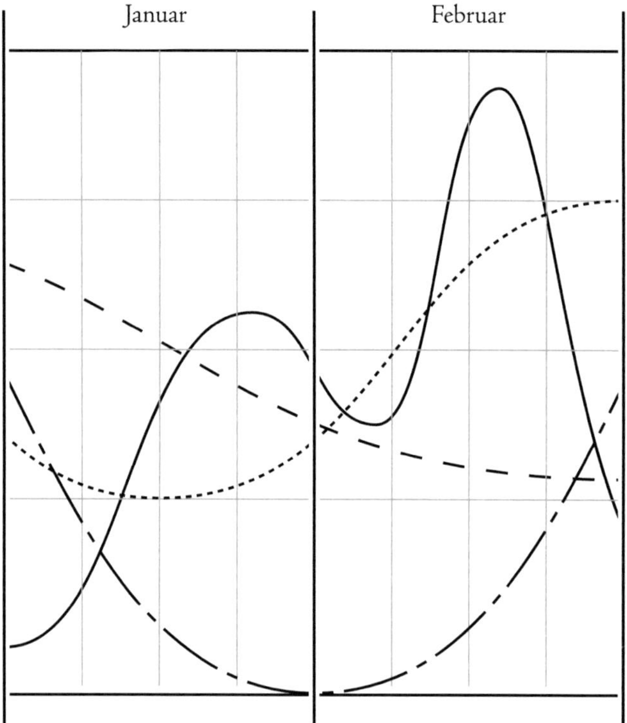

	Januar	Februar

——————— Libido
− − − − − Körper
—·—·—·— Geist
·················· Liebe

Widder-Frau

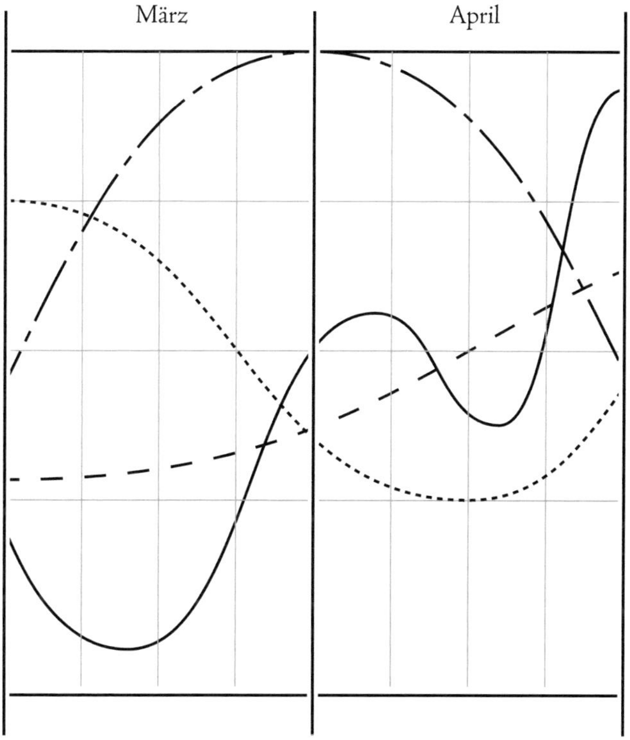

März	April

———— Libido
– – – – Körper
–·—·– Geist
·············· Liebe

Widder-Frau

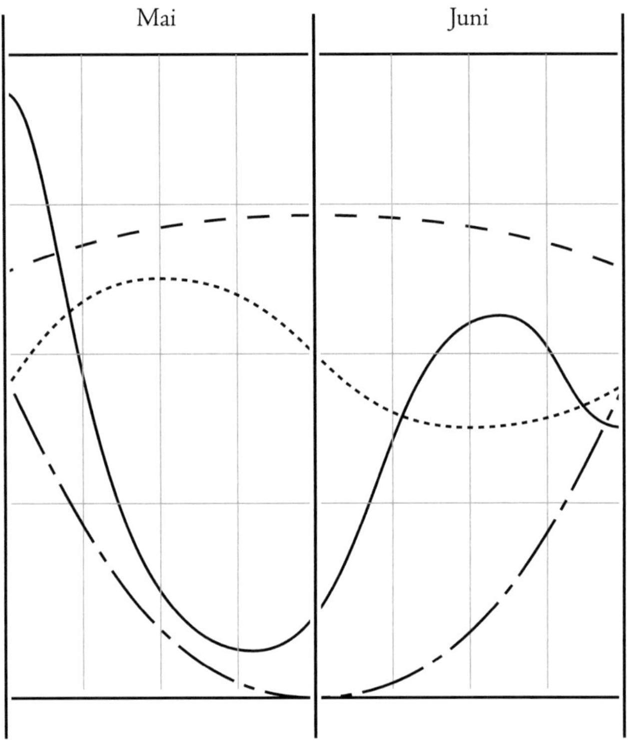

Mai	Juni

——————— Libido
– – – – – Körper
—·—·—·— Geist
·················· Liebe

Widder-Frau

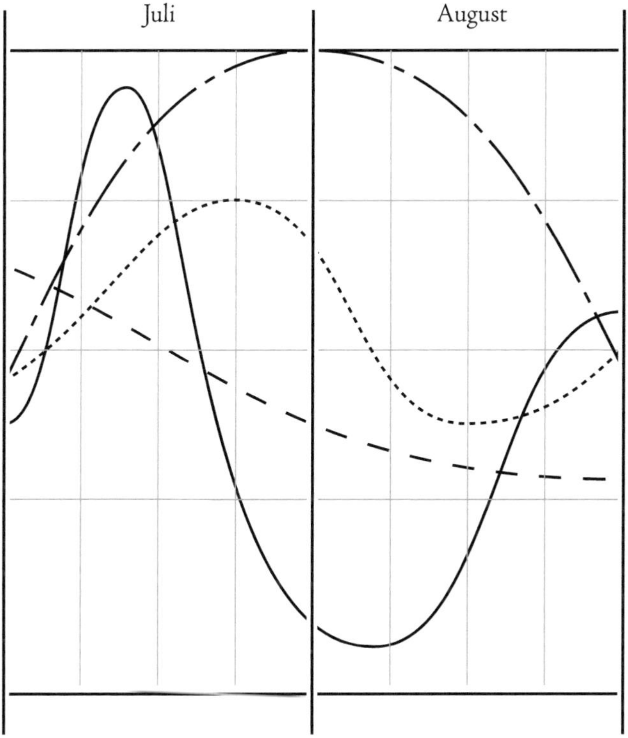

	Juli	August

_____ Libido

- - - - - Körper

—·—·—·· Geist

················· Liebe

Widder-Frau

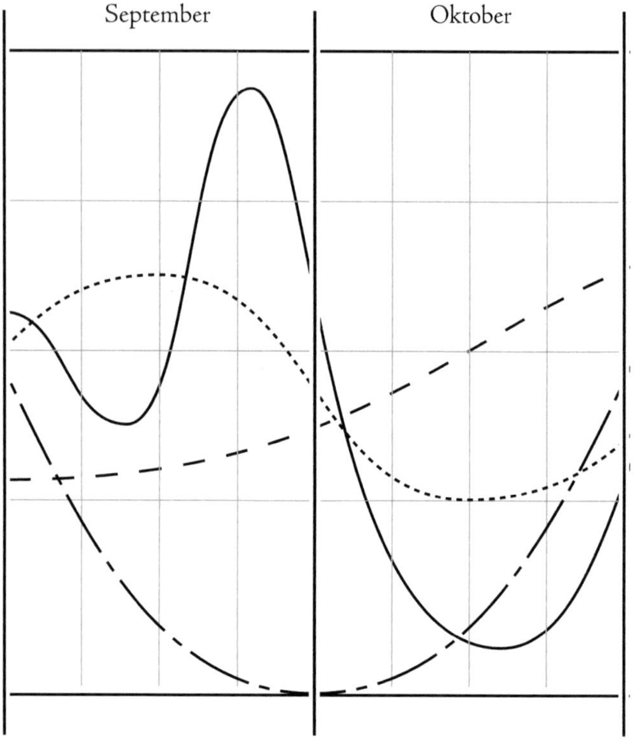

September	Oktober

——————— Libido
– – – – – Körper
—·—·—· Geist
················ Liebe

Widder-Frau

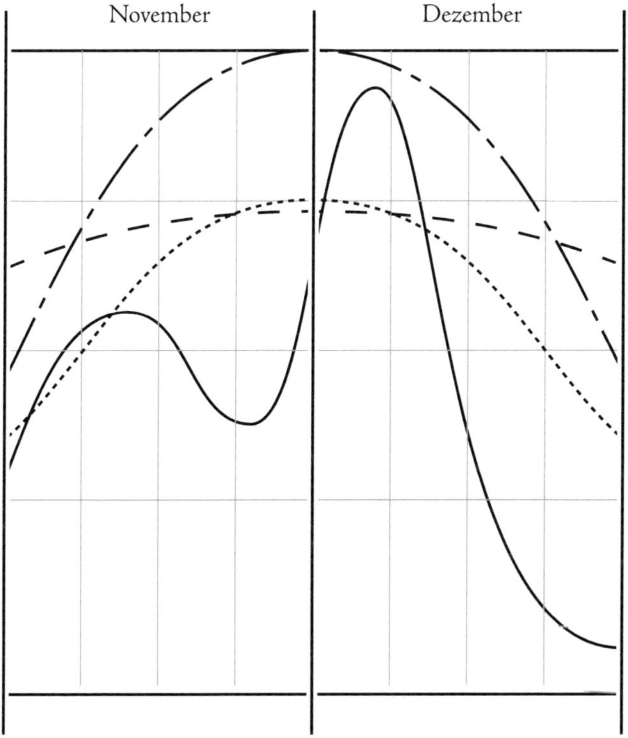

November	Dezember

———— Libido
– – – – Körper
—·—·— Geist
················ Liebe

Widder-Mann

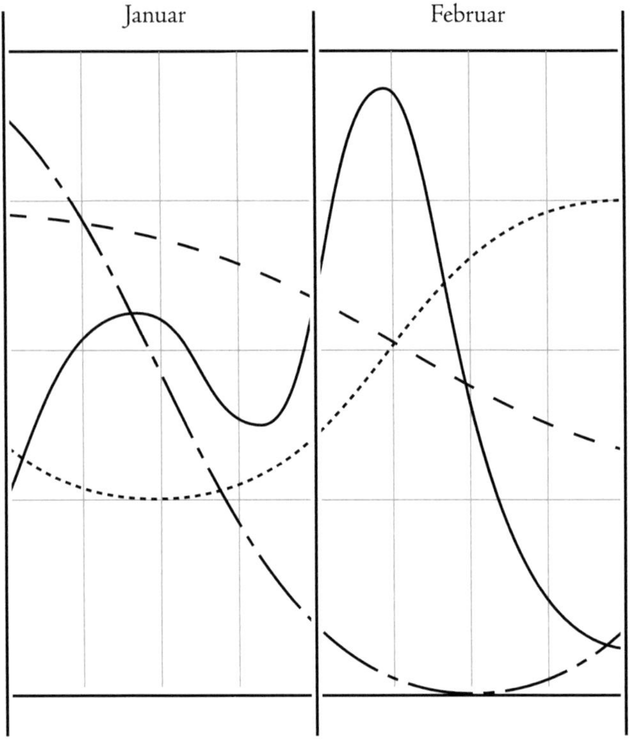

Januar	Februar

———— Libido
– – – – Körper
—·—·· Geist
·············· Liebe

Widder-Mann

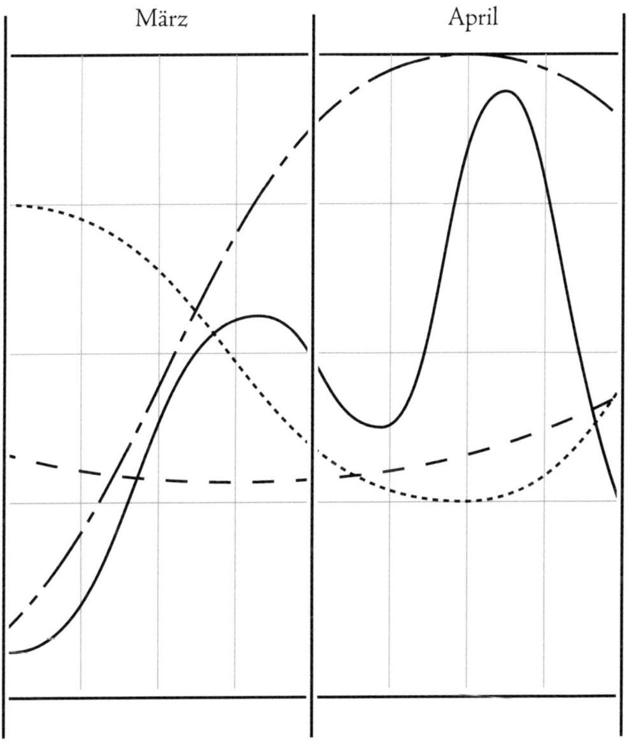

März	April

_____ Libido

– – – – – Körper

–·–·–·– Geist

················ Liebe

Widder-Mann

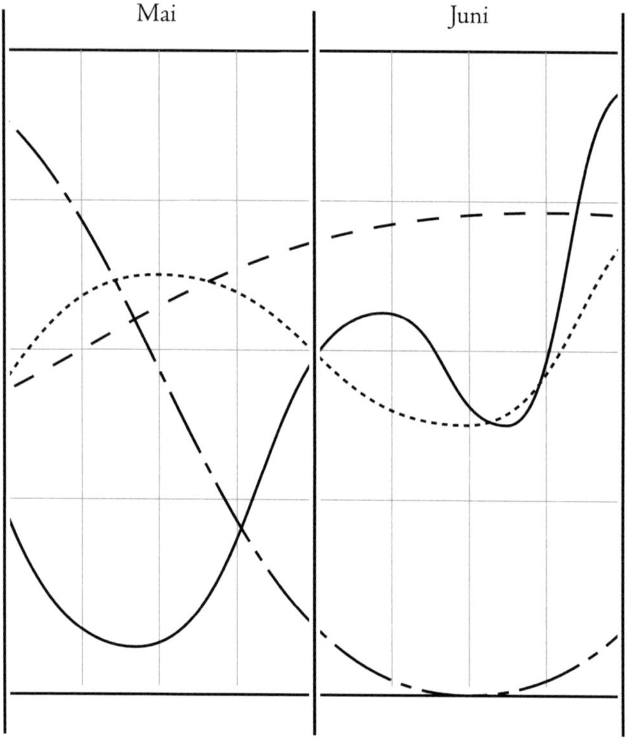

Mai	Juni

_____ Libido
- - - - - Körper
— · — · Geist
· · · · · · · · Liebe

Widder-Mann

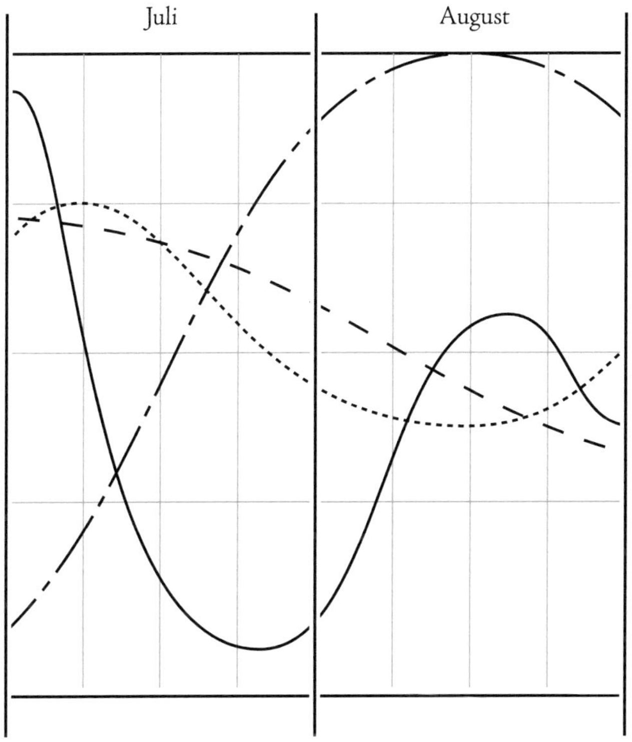

Juli	August

_____ Libido

- - - - - Körper

—·—·—· Geist

················· Liebe

Widder-Mann

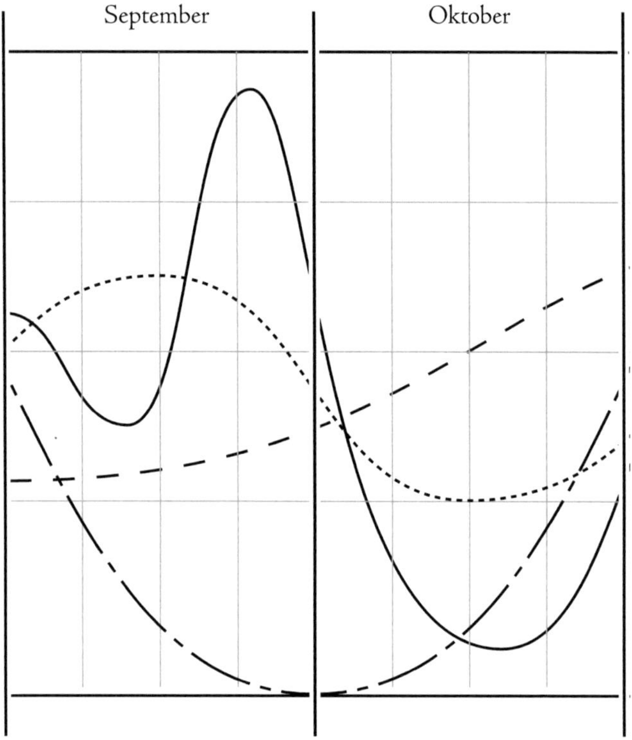

September	Oktober

——— Libido
– – – – Körper
—·—·— Geist
·············· Liebe

Widder-Mann

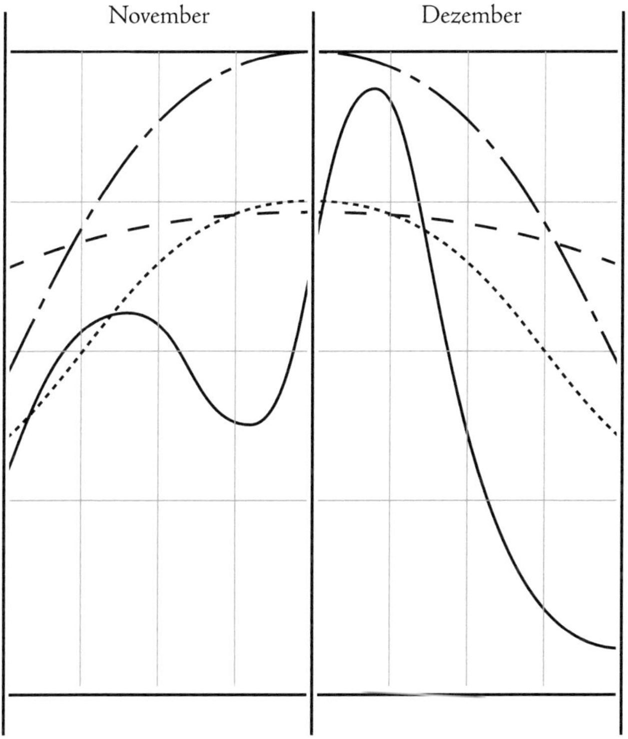

November	Dezember

——————— Libido

– – – – – Körper

—·——·· Geist

···················· Liebe

Literatur zu Sternzeichen und Astrologie

Hermann Meyer
Das Grundlagenwerk der psychologischen Astrologie: Erkenne
Deine Licht- und Schattenseiten und die Deiner Mitmenschen

Frances Sakoian, Louis S. Acker
Das grosse Lehrbuch der Astrologie: Wie man Horoskope stellt
und nach neuesten wissenschaftlichen Erkenntnissen Charakter
und Schicksal deutet

Hermann Meyer
Astrologie und Psychologie: Eine neue Synthese

Christopher A. Weidner, Sabine Bends
Intuitive Astrologie: Nutzen Sie Ihr inneres Wissen für tiefe
Einsichten über sich selbst

Frank Felber
Wiederkehrhoroskope: Der Schlüssel zu verborgenen Zyklen

Ingrid Zinnel
Familienkonstellationen im Horoskop: Verstrickungen und
Lösungen aus astrologischer Sicht

Literatur zu Entspannung und Sexualität

Jan Aalstedt
Der multiple Orgasmus des Mannes. So kommen Sie nicht
mehr zu früh und können mehrere Höhepunkte erleben.

Ludwig Reichenbach
Endlich mit Frauen flirten: Wie Sie lernen, Schüchternheit und
Angst vor dem Flirten mit einfachen Übungen erfolgreich selbst
zu überwinden

Ludwig Reichenbach
Endlich mit Männern flirten: Wie Sie lernen, Schüchternheit
und Angst vor dem Flirten mit einfachen Übungen erfolgreich
selbst zu überwinden

Lou Paget
Der perfekte Liebhaber: Sextechniken, die sie verrückt machen

Lou Paget
Die perfekte Liebhaberin: Sextechniken, die sie verrückt machen

Lou Paget
Der Super-Orgasmus: Höhepunkte zum Abheben

Jon Kabat-Zinn
Gesund durch Meditation: Das große Buch der Selbstheilung

David Servan-Schreiber
Die Neue Medizin der Emotionen: Stress, Angst, Depression:
Gesund werden ohne Medikamente